Hundeerziehung leicht gemacht

Wie Sie Ihren Hund mit spielerischem Hundetraining gekonnt erziehen, richtig mit ihm kommunizieren und die häufigsten Fehler vermeiden

Martin Knabe

꧁ INHALT

Worum geht es in diesem Buch?

Der Hund – der beste Freund des Menschen. Schon seit Jahrtausenden gilt er als treuer und geschätzter Begleiter, Behüter und Beschützer. Doch im Gegensatz zu früher, als der Hund noch als reines Nutztier, etwa als Hütehund, gehalten wurde, wird er heutzutage in den meisten Fällen wie ein vollwertiges Familienmitglied gesehen. Wieso auch nicht: Ein Hund kann so viel mehr, als nur zu beschützen und zu verteidigen. Ein toller Spielkamerad, ein guter Zuhörer, der immer da ist, ein treuer Wegbegleiter, ein wertvoller Helfer:

Hunde geben uns so viel, wenn ein Punkt stimmt – die Erziehung. Wie Martin Rütter, ein bekannter Hundetrainer, immer wieder betont: Es gibt keine schlechten Hunde, es gibt nur schlechte Erziehung.

Die Erziehung eines Hundes ist das A und O für ein harmonisches Beisammensein von Hund und Mensch. Denn ein Hund ist nie von sich aus böse. Erst fehlendes Wissen, falsches Deuten von Signalen und Fehlverhalten des Menschen sorgen dafür, dass der Hund für den Menschen unangenehmes und nicht erwünschtes Verhalten äußert. Nicht selten landen Hunde als *schwer erziehbar* oder *schwer umgänglich* aufgrund menschlicher Fehler im Tierheim. Dies ist sowohl für den Hund, der sich gerade an sein neues Zuhause gewöhnt, als auch für den Menschen, der das neue Familienmitglied schon ins Herz geschlossen hat, eine Strapaze.

In diesem Buch finden Sie alles, was Sie brauchen, um bei der Erziehung Ihres Lieblings alles richtig zu machen. Hier erfahren Sie, wie Sie die Signale Ihres Hundes richtig deuten, mit diesen arbeiten, einige praktische Tipps & Tricks rund um die Erziehung und Hilfe, wenn die Erziehung Ihres Hundes scheitert.

Welcher Hund ist der richtige?

Zunächst einmal: Es gibt natürlich nicht DEN Anfängerhund. Jeder Hund hat seinen eigenen, individuellen Charakter, abhängig von Alter, Rasse und Herkunft. Deshalb sollten Sie sich bereits vor der Anschaffung ganz genau überlegen, was Sie von dem Hund erwarten, welcher Hund überhaupt in Ihr Leben passt. Denn so süß ein kleiner Hundewelpe auch ist: Sind Sie voll berufstätig, werden Sie wohl kaum Zeit finden, sich ausreichend der Erziehung dieses kleinen Wesens zu widmen. Denn so ein Welpe braucht nicht nur Grundkommandos: Stubenreinheit, Sozialisierung, Leinen-führigkeit, allein bleiben, Haushaltsregeln, Rangord-nung: All das sind Dinge, die ein junger Hund noch nicht kennt und die geübt werden müssen. Und auch, wenn Junghunde sehr wissbegierig sind und schnell lernen, kostet dies Zeit und Aufwand. Punkte, die man auf keinen Fall unterschätzen darf.

Bei älteren Tieren fällt diese Sorge meist weg: Hunde, die bereits Erfahrungen mit uns Zweibeinern sammeln konnten, kennen in den meisten Fällen be-reits die grundlegenden Verhaltensregeln, wissen, wer der Boss ist und passen sich schneller an als Welpen, die gerade noch bei dem Muttertier und Ge-schwistern im warmen Kuschelkörbchen lagen. Diese verankerten Erfahrungen können allerdings auch zum Problem werden: Hat der Hund in der Ver-gangenheit bereits schlechte Erfahrungen gesam-melt oder sich unerwünschtes Verhalten angeeignet, ist es sehr schwer, diese Verhaltensmuster umzuer-ziehen und das Vertrauen zum Menschen wieder aufzubauen.

Deswegen ist neben dem Alter auch die Her-kunft ein wichtiger Faktor, den man keinesfalls aus den Augen lassen sollte. Hat der Hund vielleicht schonmal in einer Familie gelebt? Aus welchem Grund wird der Hund abgegeben? Ist er ein ehemaliger Straßenhund, der gerettet wurde und nun in Deutschland auf eine gute Familie hofft? Oder kommt der Hund von einem seriösen Züchter und hat vielleicht schon erste Grundlagen gelernt? Die Vorgeschichte eines Hundes kann Ihnen direkt Eindrücke geben, was das Tier bereits kennt und wo es eventuell Probleme geben könnte. So können Sie auch direkt für sich sagen, ob Sie sich die entstehenden Herausforderungen zutrauen.

Sie sehen also: Wenn man sich über die Herkunft des Hundes informiert, kann man sich bereits vor der Anschaffung über ungefähre erzieherische Maßnahmen informieren. Das Sammeln von Vor-Informationen schützt Sie nicht nur weitestgehend vor ungewollten Überraschungen, sondern macht auch den Einstieg in den Alltag mit Ihrem neuen Liebling um einiges einfacher.

Aber nicht nur das Alter und die Herkunft sollten bei der Anschaffung eines Hundes beachtet werden.

Ein besonderes Augenmerk sollte unbedingt auch auf die Rasse gelegt werden. Denn jede Rasse hat Eigenschaften, die für Anfänger entweder mehr oder weniger gut zu händeln sind. Für Anfänger empfehlen sich liebe, ausgeglichene und besonnene Rassen, deren Triebe und Instinkte gut trainierbar sind und Ruhe versprühen, wenn wir Menschen mal nervös oder etwas überfordert sind. Rassen, deren Profil diesen Angaben entsprechen, sind zum Beispiel Golden Retriever, Malteser oder Havaneser.

Von speziell für die Jagd ausgebildeten Hunden oder Hütehunden sollte man als Anfänger eher absehen. Diese Hunde verfügen über stark ausgeprägte, trainierte Instinkte, die sich nicht ohne Weiteres wieder abtrainieren lassen. Hier braucht es meistens eine Hundeschule, viel Zeit und Geduld, um den Hund Anfänger-tauglich zu machen.

Deswegen: Augen auf beim Hundekauf!

Nicht nur optisch sollte Ihnen der Hund zusagen, auch Alter, Vorgeschichte und Rasse spielen eine ausschlaggebende Rolle für ein späteres glückliches Beisammen-Leben. Lassen Sie sich mit der Entscheidung ruhig Zeit. Nehmen Sie sich die Zeit und befassen Sie sich ganz genau mit der Vorgeschichte und Rasse Ihres neuen Schützlings. Je besser Sie sich im Vorfeld vorbereiten, desto leichter wird der Einstieg mit dem neuen Familienmitglied. Und mit einem guten Start ins Familienleben haben Sie den ersten Baustein für eine spätere gute Erziehung gelegt.

Kommunikation

Für eine gute Beziehung – und später Erziehung – ist vor allem eines wichtig: eine gute Kommunikation zwischen Menschen und Hund.

Aber wie soll die Kommunikation zwischen uns Menschen und dem Hund, der nur mit nonverbaler Sprache arbeitet, funktionieren?

Für uns ist es gang und gäbe, mit verbaler Sprache mit unseren Mitmenschen und unseren Tieren zu kommunizieren. Unsere Körpersprache nutzen wir meist nur, um unsere Aussagen zu unterstreichen, wir setzen sie also unterbewusst ein. Beim

Hund entgegen ist es ganz anders: Der Hund nutzt ausschließlich seine Körpersprache, um sich zu verständigen. Deswegen müssen wir seine Körpersprache verstehen lernen, denn nur so wird der Hund verstehen, was Sie von ihm wollen. Arbeiten Sie nur mit verbaler Sprache, werden Sie bei Ihrem Vierbeiner nicht weit kommen, denn Ihr Hund achtet auf alles: Körperhaltung, Mimik und Gestik sind für ihn ausschlaggebend, um eine Situation abzuschätzen. Darum ist es enorm wichtig, das Bewusstsein für die eigene Körpersprache zu stärken und zu lernen, wie man seine Körpersprache im Einklang mit verbaler Kommunikation vereint.

Was viele nämlich nicht wissen: Gestiken, die für uns vollkommen normal sind, wie beispielsweise Armbewegungen bei Freude oder das Herunterbeugen über das Tier, um es zu streicheln oder zu loben, kann den Hund verunsichern und somit ein Rückzugverhalten hervorrufen. Dabei wollte man dem Hund damit etwas Positives vermitteln. Um solche und andere Missverständnisse zu vermeiden, habe ich Ihnen hier einige der grundlegenden Verhaltensweisen aufgeführt.

Schwanzwedeln

Mit Schwanzwedeln drücken Hunde nicht immer Freude aus: Das Wedeln mit der Rute zeigt erst einmal nur an, dass der Hund erregt ist. Um herauszufinden, ob die Erregung negativer oder positiver Natur ist, kommt es vor allem auf die Wedel-Richtung an. Hat der Hund die Rute aufgerichtet, drückt dieses Wedeln meist Freude aus. Ist die Rute allerdings nach unten gerichtet, signalisiert der Hund damit eine Verängstigung.

Gesenkte Rute

Hält der Hund die Rute gesenkt und hat sie sich eventuell sogar zwischen die Beine geklemmt, ist das ein eindeutiges Zeichen für Angst und Verunsicherung.

In die Augen schauen

Hält der Hund Augenkontakt zu Ihnen, haben Sie seine volle Aufmerksamkeit. Der Augenkontakt setzt beim Hund außerdem Bindungshormone frei, welche die gegenseitige Bindung stärken.

Achten Sie bei Blickkontakt unbedingt auf Ihre komplette Mimik. Der Hund achtet nicht nur auf Ihre Augen, sondern auch auf Ihre Gesichtszüge.

Gut zu wissen: Schaut Ihnen der Hund nicht

direkt in die Augen, sondern auf den Mund-Nasen-Bereich, ist das ein Zeichen von Unterwerfung.

Aufrechte Körperhaltung

Wenn Ihr Hund sich groß macht, sich reckt und sein Körpergewicht sichtbar auf die Vorderpfoten verlegt, fühlt er sich selbstsicher und möchte Dominanz ausstrahlen. Dies können Sie zum Beispiel bei Hundebegegnungen im gewohnten Gassi-Revier beobachten.

Geduckte Körperhaltung

Die geduckte Körperhaltung ist das Pendant zur aufrechten Körperhaltung: Duckt sich der Hund, macht sich deutlich kleiner als er ist und legt dazu noch das Fell an, drückt dieses Verhalten Unsicherheit und Verängstigung aus. Dies kann zum Beispiel bei lauten, unbekannten Geräuschen oder ungewohnten Situationen der Fall sein. Deswegen ist es enorm wichtig, den Hund bei Fehlern oder unerwünschtem Verhalten nicht anzuschreien. Der Hund versteht dies nicht als Bestrafung und kann unter Umständen nachhaltig in Ihrer Gegenwart verunsichert sein, was für die weitere Erziehung alles andere als förderlich wäre.

Gut zu wissen: Legt sich der Hund auf den Rücken und streckt alle Viere von sich, ist das in den meisten Fällen keine Einladung für lange Krauleinheiten, sondern ein Zeichen vollkommener Unterwerfung.

Der ‚starre Blick'

Blickt Ihr Hund starr geradeaus, fixiert etwas an, eventuell einen anderen Hund, und verengen sich dabei die Pupillen, zeigt der Hund eine typische Drohgebärde.

Der liebevolle Blick

Können Sie bei Ihrem Hund ein komplett entspanntes Gesicht und geweitete Pupillen beobachten, ist Ihr Vierbeiner gerade komplett entspannt und zufrieden und genießt die Situation.

Die nach unten gezogenen Mundwinkel

Richten sich die Mundwinkel des Hundes nach hinten und werden dabei die Zähne freigelegt, ist dies ebenfalls an Zeichen von Unsicherheit, hier allerdings gemischt mit einer Drohgebärde.

Gut zu wissen: Bei einer Mischung aus Angst und Drohung ist Vorsicht geboten. Der Hund kann hier unberechenbar, etwa mit Beißen oder

Ähnlichem, um sich im Ernstfall zu verteidigen, reagieren.

Die nach oben gezogene Oberlippe
Sieht Ihr Hund aus, als würde er lächeln, also die Mundwinkel zeigen nach oben, die Oberlippe ist nach oben gezogen und die Zähne im Oberkiefer sind sichtbar, fühlt der Hund sich wohl und sicher. Er ist entspannt.

Nach hinten gerichtete Ohren
Wenn der Hund die Ohren nach hinten dreht oder gar an den Kopf anlegt und sich eventuell noch langsam zurückzieht, ist Ihr Tier gerade sehr verunsichert und zeigt Unterwerfung an. Sind die Ohren nur leicht nach hinten gedreht, kann dies auch zum Beispiel an einem neuen Befehl liegen, den der Hund nicht kennt und zeigt somit nur leichte Unsicherheit an.

Aufgestellte Ohren
Stellt Ihr Vierbeiner die Ohren steil nach oben auf und sind sie nach vorne gerichtet, drückt er damit Überlegenheit aus. Er fühlt sich sicher, wohl und ist aufmerksam.

Gut zu wissen: auch Rassen mit Schlappohren kommunizieren über ihre Ohren, allerdings ist dieses für den Halter natürlich schwieriger zu erkennen. Hier ist genaues Hinschauen und Beobachten gefragt. Diese Kommunikationsschwierigkeit führt teilweise auch zu Missverständnissen unter den Hunden, da Rassen mit Schlappohren nicht so über ihre Ohren kommunizieren können wie Hunde, die über ‚normale' Ohren verfügen.

Knurren

Ein Knurren des Hundes muss immer ernst genommen werden. Das Knurren beim Hund ist eines seiner letzten Mittel, um beispielsweise einen Menschen oder ein anderes Tier auf Abstand zu halten, wenn alle anderen Signale, wie ein Zurückziehen, Starren oder nach hinten gezogene Mundwinkel nicht beachtet wurden. Aber auch in anderen, für den Hund verängstigenden oder bedrohlichen Situationen setzt der Hund Knurren ein.

Bemerken Sie das Knurren, sollten Sie das Tier in diesem Moment in Ruhe lassen und probieren, die Situation zu entspannen. Gehen Sie nicht hektisch oder laut auf den Hund zu: Auch hier können sonst Beißen, Packen oder Schnappen als Schutzreaktion auftreten.

Gut zu wissen: Knurren kann auch aus Erziehungsfehlern hervorgehen. Wenn der Hund einmal gelernt hat, dass er durch Knurren schneller an Spieleinheiten, Aufmerksamkeit und Futter kommt, setzt sich seine Frustrationsgrenze immer weiter nach unten und der Hund wird Sie immer wieder anknurren. Am besten unterbinden Sie dieses Verhaltensmuster direkt beim ersten Mal, damit es sich erst gar nicht im Kopf festsetzt.

Aber auch eine zu strenge Erziehung kann Knurren hervorrufen, womit der Hund hier allerdings große Unsicherheit ausdrückt, da er durch Bestrafungen mehr und mehr das Vertrauen zu seinen Menschen verliert.

Bellen

Bellen ist DAS Markenzeichen der Spezies Hund. Denkt man an Hunde, ist die erste Assoziation zuerst das Bellen.

Aber natürlich: Bellen ist nicht gleich Bellen. Zunächst einmal die harmlosen Varianten des Bellens. So ein Bellen kann einfach durch positive Erregung ausgelöst werden, zum Beispiel im Spiel, bei der Begrüßung von dem Hund bekannten Personen oder bei Begegnungen mit befreundeten Hunden. Hunde bellen auch aus dem simplen Grund, dass sie andere Hunde bellen gehört haben. Auch bei neuen Situationen, die den Hund leicht verunsichern, weil er sie nicht kennt, kann mal ein Bellen zustande kommen. Diese Bell-Situationen sind völlig unbedenklich und gehören zum Hund dazu.

Oft entsteht bellen auch aus Verunsicherung unterschiedlicher Natur. Dies kommt zum Beispiel oft im Alter vor, wenn unsere Vierbeiner eine Störung, die unserem Alzheimer ähnelt, erleiden. Hier entsteht das Bellen dann aus Angst, da eigentlich vertraute Personen, Orte und Geräusche vom Hund nicht mehr erkannt werden.

Auch im jungen Alter bellen Hunde oft aus Angst und Unsicherheit.

Vermehrtes Bellen kann, genau wie das Knurren, auch durch eine niedrige Frustrationsgrenze ausgelöst werden.

Gleiches Spiel wie beim Knurren: Lernt der Hund einmal, dass er durch Bellen schneller an Aufmerksamkeit und Co kommt, wird er dieses Verhaltensmuster wiederholen und Sie immer wieder anbellen.

Aber nicht jedes Bellen darf so auf die leichte Schulter genommen werden.

Bellen, eventuell in Kombination mit Knurren und angelegten Ohren, ist eine deutliche Drohung des Hundes und geht nicht selten mit einem Biss aus.

Gut zu wissen: Bellen wird vom Hund immer in Kombination mit anderen Gesten eingesetzt. Achten Sie nicht nur auf den Laut, sondern auf die komplette Körpersprache des Hundes.

Sie sehen also: Der Hund kommuniziert auf vielen Ebenen mit Ihnen. Mit etwas Übung lernen Sie schnell, was Ihr Hund gerade ausdrücken möchte und wie er sich fühlt. Mit guter Kommunikation legen Sie einen weiteren wichtigen Grundstein für eine gute Erziehung. Aber nicht nur die Körpersprache des Hundes ist wichtig, auch unsere Körpersprache trägt immens zu Erfolgen oder Misserfolgen in der Erziehung bei.

Hier eine Liste mit den wichtigsten Verhaltensregeln für uns Menschen.

Klare Signale geben

Der erste und gleichzeitig wichtigste Punkt ist das klare Geben von Signalen. Leichter gesagt als getan, denn oft merken wir es gar nicht, wenn wir für den Hund komplett missverständliche Signale äußern.

Probieren Sie, sich immer wieder bewusst zu machen: Passt Ihre Mimik zu der Geste, die Sie gerade ausführen? Denn dies ist oft der ausschlaggebende Punkt, wieso beispielsweise ein bestimmtes Kommando oder eine Übung nicht funktionieren will. Ein schönes Beispiel hierzu ist das „Komm her"-Kommando. Man ruft seinen Hund zu sich, kommt er nicht, beugt man sich nach vorne und/oder guckt den Hund streng an. Dies sind für den Hund Drohgebärden. Sie verunsichern ihn hierdurch und der Hund bleibt lieber auf Abstand, Sie erzielen also genau das Gegenteil des Befehls.

Aufrechte Körperhaltung

Durch eine aufrechte Körperhaltung drücken Sie Dominanz und Selbstsicherheit aus: Genau das, was Ihr Hund braucht. Für Hunde ist es wichtig, dass der Mensch weiß, was er will, und genau das drücken Sie durch Ihre Körperhaltung aus.

Offene Gesichtszüge

Wie nun schon oft erwähnt, sind auch die Gesichtszüge für den Hund enorm wichtig. Probieren Sie also, Ihren Hund auch beim Kommandos geben nicht streng und böse, sondern lieb und offen anzuschauen.

Mit dem Kopf bei der Sache sein

Ihr Hund merkt es ganz genau, wenn Sie bei Übungen oder beim Spaziergang mit den Gedanken eigentlich gar nicht beim Hund, sondern komplett woanders sind, auch wenn Ihre Körpersprache Sicherheit ausdrückt. Sprechen Sie nun ein Kommando aus, stehen aber gerade nicht zu 100 % dahinter, wird Ihr Hund mit hoher Wahrscheinlichkeit nicht das tun, was Sie gerade von ihm gefordert haben.

Sie müssen also sowohl körperlich als auch geistig komplett da und beim Hund sein, so wird Ihr Hund Ihre gesprochenen Kommandos auch befolgen.

Grundlagen

Klar, niemand kann Ihnen vorschreiben, wie Sie Ihren Hund erziehen. Allerdings gibt es ein paar grundlegende Dinge und Kommandos, die Ihr Hund unbedingt können sollte, damit es im Alltag nicht zu Schwierigkeiten kommt. Außerdem sind diese Dinge unabdingbar für die Sicherheit Ihres Hundes im Freien und für ein entspanntes Zusammenleben zuhause.

Zuallererst sollte Ihr Hund wissen, wer der Herr im Haus ist. Ihr Vierbeiner muss lernen, dass er immer unter Ihnen steht und Sie die Befehle geben. Dies bedeutet aber nicht, dass Sie Ihrem Hund Ihre

Macht demonstrieren sollen, sondern dass der Hund Sie als ‚Rudelführer' akzeptieren soll, weil er Ihnen vertraut, Sie Gefahren besser einschätzen können und die richtigen Entscheidungen für Ihn treffen. So läuft das Leben für Hunde in freier Wildbahn ab: Der bzw. die Rudelführer sind die erfahrensten Tiere der Gruppe, durch die die anderen Rudelmitglieder in Sicherheit sind und auf die man sich immer verlassen kann. Sieht Ihr Hund in Ihnen die gleichen Kompetenzen, haben Sie schon viel gewonnen.

STUBENREINHEIT

Zuhause sollte ein entspanntes Zusammenleben zwischen Hund und Mensch herrschen. Dies funktioniert aber nur, wenn im Haus, genauso wie draußen, feste Regeln herrschen. Darunter zählt auch, dass der Hund sein Geschäft nur draußen verrichtet.

Aber klar, bei einem Welpen funktioniert das nicht direkt. Seine Blase ist noch untrainiert und er kann noch nicht lange aushalten, da ist es schnell passiert, dass eine Hinterlassenschaft in der Wohnung landet. Dies tut Ihr Hund aber keinesfalls aus böser Absicht!

Übungen

• Beobachten Sie Ihren Hund gut! Durch Fiepen oder Sich-im-Kreis-Drehen kündigt der Hund meist schon an, dass er gleich mal muss. Tragen Sie den Hund nun nach draußen. Verrichtet er hier sein Geschäft, loben Sie ihn ausführlich.

• Nachts können Sie es sich zunutze machen, dass ein Welpe niemals sein Nest, also seinen Schlafplatz, beschmutzen würde. Lassen Sie Ihren Hund in einer geschlossenen Transportbox schlafen oder stellen Sie sein Körbchen in einen Karton, aus dem er nicht allein herauskommt. So meldet sich der Hund nachts lautstark, wenn er mal muss und Sie können mit ihm nach draußen.

<u>Lernziel</u>: Der Hund meldet sich und verrichtet sein Geschäft im Freien.

• Verlieren Sie nicht den Mut, wenn das Ganze nicht auf Anhieb funktioniert. Geben Sie Ihrem Hund die Zeit, die er braucht. Schimpfen Sie nicht mit Ihrem Hund. Dies verunsichert ihn nur und führt dazu, dass der Hund dann eben sein Geschäft in Ecken verrichtet, die für Sie nicht einsehbar sind.

LEINE AKZEPTIEREN

Damit man aber überhaupt erstmal raus gehen kann, muss der Hund natürlich <u>Geschirr und Leine kennen</u>. Welpen und Straßenhunde, die noch nie beim Menschen gelebt haben, müssen sich daran erstmal gewöhnen. Gerade von der Leine sind viele am Anfang nicht begeistert. Klar, sie schränkt ja auch den Bewegungsradius des Hundes ein. Deshalb sollte eine Leine auch nie zu kurz sein. Eine Leine sollte mindestens doppelt so lang wie die Länge Ihres Hundes sein.

Üben Sie das Anlegen von Geschirr und Leine immer wieder, erstmal drinnen, mit Ihrem Vierbeiner. Um das Anlegen der Leine für den Hund mit etwas Positivem zu verknüpfen, belohnen Sie den Hund jedes Mal, wenn er das Einklinken der Leine ruhig mitmacht. So lernt der Hund: „Ah, wenn die Leine kommt, gibt es was Gutes!"

Nun können Sie anfangen, ein paar Meter, am besten ebenfalls drinnen, zu laufen und das Gehen an der Leine zu trainieren. Viele Hunde lassen sich anfangs sehr ungern ein Geschirr umlegen, da sie ihren Kopf dafür durch das Halsstück stecken müssen. Dies schätzen viele Hunde erstmal als Gefahr ein.

Auch wenn das Geschirr am Bauch geschlossen wird, finden das viele unheimlich. Manche gehen sogar so weit, dass Sie sich auf die Seite werfen oder anfangen sich zu wälzen, um das aus ihrer Sicht lästige Ding abzubekommen. Lassen Sie den Hund einfach machen und ausprobieren. Er wird merken, dass das Geschirr nichts Schlimmes für ihn ist. Merken Sie allerdings, dass das Geschirr Ihren Hund in ernsthafte Panik versetzt, beenden Sie die Übungseinheit sofort und entfernen Sie umgehend das Geschirr.

Übungen

• Arbeiten Sie beim Training zum Anlegen des Geschirrs am besten zu zweit. Eine Person hält das Hals-Teil so offen, dass der Kopf des Hundes locker hindurchpasst. Der andere lockt den Hund mithilfe eins Leckerlis an die Öffnung heran. Folgt der Hund der Hand bis zum Geschirr, halten Sie das Leckerli HINTER die Öffnung, sodass der Hund seinen Kopf durchstecken muss, um an die Leckerei zu kommen. Macht der Hund das und probiert nicht direkt wieder, sich zu befreien, loben Sie ihn ausgiebig. Wiederholen Sie diese Übung mehrmals am Tag. Klappt das gut, können Sie auch den Bauchgurt zumachen. Auch hier sollte wieder ausgiebig gelobt werden.

Klicken Sie nun auch die Leine ans Geschirr und gehen mit ihm ein paar Schritte vor die Tür.

<u>Lerneffekt:</u> Der Hund lernt, dass ihm Geschirr und Leine nichts tun, sondern mit etwas Positivem, nämlich dem Rausgehen, zu tun haben.

• Legen Sie Geschirr und Leine an.

• Läuft Ihr Hund los, richten Sie sich erstmal nach seiner Geschwindigkeit, sodass die Leine durchhängt. Passen Sie auf, dass Sie sich von Ihrem Hund nicht durch die Gegend ziehen lassen. Wenn der Hund mit Ihnen mitläuft, belohnen Sie ihn ruhig, damit er mit der Leine, wie schon oben geschrieben, etwas Positives verbindet.

Lerneffekt: Ihr Hund lernt, dass die Leine und Geschirr nichts Schlechtes sind und er sich trotzdem frei bewegen kann.

• Weigert sich Ihr Vierbeiner, vorwärtszugehen, locken Sie ihn mit einem Leckerbissen.

<u>Lerneffekt:</u> Durch das Leckerli verknüpft Ihr Hund das Laufen an der Leine mit etwas Positivem.

• Stürmt Ihr Hund vor, sprechen Sie ihn mit seinem Namen an oder machen Sie einen Laut, um seine Aufmerksamkeit zu bekommen. Haben Sie die Aufmerksamkeit Ihres Hundes, gehen Sie in eine andere

Richtung weiter. Wiederholen Sie diesen Vorgang jedes Mal, sobald er wieder probiert vorzustürmen. Läuft der Hund mit hängender Leine, belohnen Sie ihn ausgiebig. Ganz wichtig: für dieses Training eignet sich keine Flexi-Leine! So lernt der Hund, dass sein Verhalten zum Erfolg führt: Nämlich, dass das Ziehen an der Leine ihm mehr Freiraum verschafft. Und genau das soll der Hund nicht erreichen.

Lerneffekt: Der Hund merkt, dass er nur dann vorwärtskommt, wenn er sich an Ihnen orientiert.

BEI FUß BLEIBEN

Im Anschluss hieran können Sie mit Ihrem Hund auch direkt die Kommandos „bei Fuß!" und „bei mir!" üben. Oft sieht man es, dass Hundebesitzer erwarten, dass Ihr Hund die komplette Gassi-Runde „bei Fuß" laufen, also direkt neben dem Besitzer im gleichen Tempo herlaufen soll. Klappt dies nicht, sind viele Hundehalter schnell frustriert. Dieses Kommando ist zwar sehr praktisch, aber eigentlich dafür nicht gedacht. Der Hund ist deutlich schneller als wir. Für ihn ist es sehr anstrengend und ermüdend, die ganze Zeit in unserem *langsamen* Tempo

neben uns herzulaufen. Mit diesem Befehl soll der Hund lediglich „bei Fuß", also nah bei uns, laufen, wenn man zum Beispiel an einer stark befahrenen Straße oder an einer Baustelle vorbeiläuft. Auch bei drohenden Unannehmlichkeiten kann man sehr gut „bei Fuß" nutzen, denn der Hund muss sich hierfür konzentrieren und ist von der vorangegangenen Situation abgelenkt.

Damit Ihr Hund beim Spaziergang bei Ihnen bleibt, nutzen Sie dann den Befehl „bei mir!", damit darf der Hund sich um Sie herum bewegen, aber nur in einem bestimmten Radius. So hat der Hund zwar Bewegungsfreiheit, sollte aber Gefahr drohen, können Sie schnell eingreifen. Dieser Befehl ist deutlich Hund-gerechter als „bei Fuß", weil der Hund hierbei seinem natürlichen Verhalten nachgehen kann.

Übungen

• Um „bei Fuß" zu trainieren, nehmen Sie zuerst ein Leckerchen, zeigen Sie es dem Hund und nehmen es dann in die verschlossene Hand, auf der Seite, wo der Hund sitzt. Leinen Sie Ihren Hund an und lassen Sie ihn sich an eine Seite neben Ihr Bein stellen. Laufen Sie nun ein paar Meter. Geht alles gut, folgt der Hund mit der Schnauze Ihrer Hand und läuft so neben Ihnen her. Sucht er dann Blickkontakt zu Ihnen, sagen Sie „Fuß!" oder „bei Fuß!". Läuft er dann locker neben Ihnen her, können Sie ihm das Leckerli geben. Fängt der Hund an zu bellen, an der Leine zu ziehen oder ungeduldig zu werden, bleiben Sie stehen und wiederholen die Übung.

• Macht Ihr Hund die Übung gut, können Sie mit dem Tempo variieren. Üben Sie das Ganze ohne Leine, starten Sie am besten auf einem eingezäunten Grundstück. Diese Übung verlangt viel Konzentration vom Hund, deswegen ist es wichtig, die Trainingsintervalle kurzzuhalten.

Lernziel: Ihr Hund läuft nah und locker bei Ihnen, wenn es nötig ist.

• „Bei mir" können Sie gut mit einer Schleppleine üben. Gehen Sie ein paar Schritte von Ihrem Hund entfernt. Wenn er sich weiter als auf einen Meter entfernt, rufen Sie bestimmt, aber, und das ist ganz wichtig, freundlich: „bei mir". Hier empfiehlt es sich, den Hund anfangs noch mit Leckerchen zu locken. Später sollte es aber reichen, wenn Sie ihn verbal loben.

Lernziel: Ihr Hund kommt auf Rufen sofort zu Ihnen zurück, auch wenn es gerade spannend ist.

GRUNDKOMMANDOS

Als Nächstes sollten Sie mit Ihrem Hund die <u>Grund-kommandos</u> trainieren.

Die gängigen Kommandos, die jeder Hund kennen und können sollte, sind „Sitz!", „Platz!", „Komm!", „Bleib!", „Nein!", „Aus!" und „Hier!".

Die Kommandos sind wichtig für die Sicherheit Ihres Hundes und sorgen für ein entspanntes und verantwortungsvolles Miteinander.

Aber wofür sind die einzelnen Kommandos eigentlich da?

Das Kommando „Sitz!" ist wie das Kommando „Platz!" dafür da, um den Hund in verschieden Alltagssituationen <u>ruhigzuhalten.</u> Es kann zum Beispiel beim Warten an einer roten Ampel oder beim Anleinen vor dem Supermarkt von Nutzen sein. „Platz!" können Sie gut benutzen, wenn der Hund <u>an einem Platz verweilen</u> soll, beispielsweise in einem Café oder den öffentlichen Verkehrsmitteln.

Übungen

• Trainieren Sie am besten in einer bekannten Umgebung, damit Ihr Hund sich wohlfühlt. Rufen Sie den Hund zu sich. Nehmen Sie nun ein Leckerchen in die Hand und halten Sie es leicht über den Kopf Ihres Hundes. Hat er es fokussiert, strecken Sie Ihren Zeigefinger aus und führen Sie die Hand weiter nach oben über den Kopf des Hundes. Um das Leckerli nicht aus den Augen zu verlieren, wird der Hund seinen Kopf überstrecken und sich dadurch automatisch hinsetzen. Wenn das Hinterteil des Hundes den Boden berührt, sagen Sie einmal bestimmt: „Sitz!" und belohnen den Hund ausgiebig. Wiederholen Sie diese Übung häufig. In weiterer Lauf verlängern Sie nach und nach die Zeitspanne, in der der Hund sitzen soll. Um das Kommando aufzulösen, können Sie ein Wort, wie zum Beispiel „okay" oder eine Geste nutzen. Wenn Ihr Hund schon vor dem Auflösen aufsteht, wiederholen Sie die Übung und belohnen ihn erst, wenn er bis zum Auflösen gewartet hat. Klappt die Übung zuhause gut, kann sie nach und nach an Orten mit mehr Reizen trainiert werden.

Lernziel: der Hund setzt sich durch den Zeigefinger und/oder das Wort „Sitz" hin und steht erst auf, wenn Sie das Kommando mit dem bekannten Auflösewort auflösen.

• Für das Kommando „Platz" bringen Sie den Hund zunächst in die Sitzsituation. Nehmen Sie wieder ein

Leckerli zur Hand. Aber diesmal führen Sie die Hand mit dem Leckerchen nicht über den Kopf, sondern Richtung Boden. Der Hund wird sich daraufhin hinlegen, um dem Leckerli zu folgen. Berührt der Hund mit Brust und Hinterteil den Boden, sagen Sie ganz klar und deutlich: „Platz!" Liegt der Hund, belohnen Sie dieses Verhalten ausgiebig. Nach der von Ihnen gewünschten Zeit lösen Sie das mit dem von Ihnen festgelegten Lösewort. Auch hier können Sie nach und nach mit der Liegedauer variieren. Auch hier können Sie, sobald die Übung zuhause funktioniert, an Orten mit mehr Reizen trainieren.

<u>Lerneffekt:</u> Der Hund lernt, still neben Ihnen zu liegen, auch über einen längeren Zeitraum.

BLEIBEN

Das Kommando „Bleib!" wird oft in Kombination mit „Sitz!" und „Platz!" benutzt, damit der Hund länger an einer Stelle verweilt. Dies kann bei kurzen Wartezeiten praktisch sein, aber auch, wenn man möchte, dass der Hund zuhause zum Beispiel in seinem Körbchen sitzen bleibt.

Übungen

• Auch hier sollten Sie zunächst in einer möglichst reizfreien Umgebung trainieren. Bitten Sie Ihren Hund nun zuerst in den Sitz oder Platz. Danach strecken Sie eine Hand als Stoppzeichen nach vorne, sagen bestimmt „Bleib!" und gehen ein paar Schritte zurück. Bleibt Ihr Hund an Ort und Stelle, können Sie das Signal durch Ihr Auflösewort wieder auflösen.

• Lösen Sie das Kommando aber erst auf, wenn Ihr Hund wirklich sitzen geblieben ist. Dann gehen Sie wieder auf den Hund zu und loben ihn.

Lerneffekt: Ihr Hund verweilt an Ort und Stelle, bis Sie den Befehl auflösen. Dies ist ungemein praktisch im Alltag.

STOPPEN

Aber natürlich ist es nicht nur wichtig, Ihren Hund an Ort und Stelle halten zu können. Genauso wichtig ist es, dass Sie Ihren Hund stoppen können, wenn er Dinge tut, die er nicht darf oder die gefährlich werden könnten. Hierfür dienen die Kommandos „Nein!" und „Aus!".

Mit „Nein!" drücken Sie aus, dass ein Gegenstand

oder ein bestimmtes Verhalten für den Hund komplett tabu ist. Dieses Signal kann sogar Leben retten, zum Beispiel, wenn Ihr Hund gerade dabei ist, etwas Giftiges zu fressen. Deswegen ist es wichtig, dass Ihr Hund dieses Kommando sicher beherrscht, auch sofort darauf hört und daraufhin stoppt. Diesen Befehl sollten Sie aber nur einsetzen, wenn es wirklich notwendig ist. Ansonsten kann es sein, dass das „Nein!" seine Signalwirkung verliert und vom Hund nicht mehr so ernst genommen wird.

Für Situationen, die nicht brenzlig werden können, benutzen Sie „Aus!".

Dies kann zum Beispiel angewendet werden, wenn der Hund ein Spielzeug oder Ähnliches hergeben soll.

Übungen

• Für das Kommando „Aus!" kann man prima mit einem Tauschgeschäft arbeiten. Bieten Sie dem Hund etwas an, was er auf keinen Fall ablehnen kann. Sobald der Hund den Gegenstand fallen lässt, sagen Sie ruhig, aber bestimmt „Aus!" und geben ihm daraufhin das angebotene Tauschobjekt. Hat der Hund dies einmal kapiert, reicht später auch ein Lob.

<u>Lerneffekt:</u> Ihr Hund lernt Sachen, die nicht in sein

Maul gehören, freiwillig wieder herzugeben.

• Auch bei „Nein!" trainieren Sie mit Leckerlis. Legen Sie ein Leckerchen in Ihre offene Hand und bieten es dem Hund an. Will er es fressen, sagen Sie ganz bestimmt „Nein!" und schließen die Hand wieder. Klingt zwar gemein, ist aber effektiv. Sobald der Hund nicht mehr Ihre Hand anstupst und Blickkontakt zu Ihnen sucht, ist die Übung erfolgreich absolviert und der Hund darf das Leckerchen mit einem Wort, wie zum Beispiel „Nimm!" fressen.

• Klappt das gut, legen Sie das Leckerli auf den Boden und wiederholen den Vorgang.

<u>Lerneffekt:</u> Ihr Hund lässt von Dingen ab, auch wenn er Sie unbedingt haben will.

ALLEIN SEIN

Auch allein bleiben will gelernt sein. Denn Hunde sind Rudeltiere und mögen es gar nicht, allein zu bleiben. Die Angst, allein zu bleiben, in seinen Augen zurückgelassen zu werden, ist ganz normal und in der Natur des Hundes verankert.

Denn: In der freien Wildbahn, zum Beispiel bei Wildhunden oder Wölfen, werden schwache und kranke Tiere einfach zurückgelassen und müssen im schlimmsten Fall sterben. Klar, Ihr Hund ist in den meisten Fällen weder krank noch alt. Und trotzdem denkt der Hund, sobald Sie ihn allein lassen, dass er von Ihnen zurückgelassen wird. Und auch, wenn Hunde heute nicht mehr in Hundeverbänden gehalten werden, ist Ihr Zusammengehörigkeitsgefühl sehr stark ausgeprägt. Deswegen ist es klar, dass der Hund immer Anschluss zu seiner Familie haben möchte. Wirklich artgerecht wäre es, wenn der Hund entweder mit mindestens einem anderen Hund gehalten wird oder immer bei Ihnen bleiben kann. Aber mit etwas Übung kann man dem Hund durchaus beibringen, maximal vier bis fünf Stunden allein zu bleiben und dass dies nicht bedeutet, dass seine Familie nie wieder kommt. Länger kann ein Hund allerdings nicht allein bleiben, da er sich nach allerspätestens fünf Stunden erleichtern muss.

Hierfür muss erstmal eine gute Bindung zwischen Menschen und Hund vorhanden sein.

Übungen

• Schicken Sie Ihren Hund auf seinen Lieblingsplatz und geben Sie ihm eine Ablenkung, etwa ein lieb gewonnenes Spielzeug oder einen Kauknochen. Ist er beschäftigt, gehen Sie für ein paar Minuten aus dem Zimmer. Beginnt Ihr Hund, zu jammern oder zu wimmern, warten Sie, bis er aufgehört hat. Danach gehen Sie wieder ins Zimmer und belohnen Ihren Hund. So verbindet er das Warten und das Zurückkehren von Ihnen mit etwas Positivem. Üben Sie täglich mit Ihrem Hund. Klappt die kurze Zeitspanne gut, können Sie diese nach und nach verlängern. Wichtig: Gehen Sie nicht zurück, wenn der Hund jammert! Sonst lernt der Hund, dass er mit dem Jammern genau das erreicht, was er möchte, nämlich, dass Sie zurückkommen. So wird er immer lauter jammern.

<u>Lernziel:</u> Ihr Hund ist entspannt, wenn Sie weggehen, und wartet ruhig und gelassen auf Ihre Rückkehr.

Dieser Prozess kann sehr lange dauern, da der Hund seine natürlichen Verlustängste erst einmal überwinden muss.

HUNDEBEGEGNUNGEN

Zu guter Letzt nun der Punkt, dem viele Hunde-Neulinge mit großem Respekt gegenüberstehen: Begegnungen mit anderen Hunden, sei es draußen, beim Tierarzt oder vorm Supermarkt. Bei Hundebegegnungen haben die meisten das Szenario von zwei sich anfallenden, knurrenden und kämpfenden Hunden, die gar nicht mehr voneinander ablassen, im Kopf. So muss eine Begegnung aber gar nicht aussehen. Als Welpe oder Junghund sind Begegnungen mit Artgenossen wichtig für das Sozialverhalten unserer Vierbeiner. Ansonsten lernen Hunde nicht, wie sie sich gegenüber Artgenossen verhalten müssen und Begegnungen mit anderen Hunden werden immer reine Stresssituationen darstellen.

Ganz wichtig: Bewahren Sie IMMER Ruhe, egal, was passiert. Denn Ihre Unsicherheit und Angst übertragen sich komplett auf den Hund, sodass dieser ebenfalls unsicher wird. Und das ist absolut nicht förderlich für alle beteiligten Parteien. Es ist sehr wichtig, ruhig und besonnen zu bleiben und den Hund, so blöd das klingt, einfach mal machen zu lassen. Der Hund weiß, wenn er gut sozialisiert ist, was zu tun ist. Erschrecken Sie sich also nicht, wenn die

Hunde diese Begegnung mit lautem Bellen usw. austragen. Das ist normal und im Verhalten des Hundes verankert. Gehen Sie ein paar Schritte zur Seite, damit der Hund nicht denkt, er müsste Sie auch noch beschützen. Allerdings: Hunde sollten bei Begegnungen immer BEIDE angeleint sein! Nicht an der Leine sollten Hundekontakte immer unterbunden werden, auch wenn Ihr Hund angeleint ist und ein anderer, nicht angeleinter Hund auf Ihren Hund zukommt. Hier fordern Sie den Besitzer des anderen Hundes deutlich dazu auf, seinen Hund zurückzurufen. Ansonsten kann es durch die Leine gefährlich werden und es kann zu Strangulation oder Ähnlichem kommen.

Bevor Sie mit dem Training beginnen, muss eine gute und starke Bindung zwischen Ihnen und dem Hund vorhanden sein. Durch viele Spiele, Aufgaben und Ähnliches lernt Ihr Hund, dass Sie für ihn ein spannender Spielpartner sind, auf den er gern Acht gibt und dem er seine Aufmerksamkeit schenkt.

Übungen

• Leinen Sie Ihren Hund an, wenn Sie einen ankommenden Hund bemerken. Bleiben Sie aber trotzdem ganz ruhig und besonnen, sodass Ihr Hund nicht in

Aufregung und Panik verfällt. Gehen Sie nun direkt auf den anderen Hund zu und lenken Ihren Hund dabei mit seinem Lieblingsspielzeug oder einem Leckerchen ab. Sucht Ihr Hund Blickkontakt zu Ihnen, loben Sie ihn. Ist der Hund vorbei und Ihr Vierbeiner locker und entspannt, belohnen Sie den Hund ausgiebig. Am einfachsten ist es, sich einen anderen Hundehalter mit einem ruhigen und entspannten Hund ins Boot zu holen, mit dem Sie Begegnungen üben können.

<u>Lernziel:</u> Ihr Hund konzentriert sich an der Leine nur auf Sie und geht auf andere Hunde nicht ein.

Tipps für den Ernstfall

Es kann trotzdem immer vorkommen, dass bei einer Hundebegegnung etwas aus dem Ruder läuft.

Wenn Sie direkt merken, dass der andere Hund auf Krawall gebürstet oder nicht angeleint ist, wechseln Sie wenn möglich die Straßenseite oder gehen Sie zügig, ruhig und bestimmt an dem anderen Hund vorbei. Der Hund wird Ihnen eventuell kurz hinterherlaufen, dies ist aber nicht von Relevanz für Sie.

Hilft das nicht, arbeiten Sie mit einem Trick: Nehmen Sie ein Tuch oder eine Jacke und vertreiben Sie damit den frei laufenden Hund. Was auch funktioniert: Spannen Sie einen automatischen Regenschirm in Richtung des aufmüpfigen Hundes auf. Auch dieser wird den Hund vertreiben.

Hilft wirklich gar nichts mehr, lassen Sie den Hund von der Leine oder lassen Sie die Leine fallen und lassen Sie die Hunde machen. Schreien Sie die Hunde an, stacheln Sie die Hunde damit nur an. Gehen Sie dazwischen, kann das für Sie gefährlich werden. So kann Ihr Hund artgerecht agieren und muss Sie nicht auch noch beschützen.

Kommt es im Extremfall zu einer ernsten Beißerei, fordern Sie unbedingt den Impfpass des anderen Hundes an und suchen Sie sofort einen Tierarzt auf, um innere Verletzungen und Blutungen auszuschließen.

ALLGEMEINE TIPPS UND TRICKS

Ganz wichtig ist es, von Anfang an richtig in die Erziehung einzusteigen und größere Fehler zu vermeiden. Klar, es ist noch kein Meister vom Himmel gefallen und klar, am Anfang können auch Fehler passieren. Aber wenn man sich an ein paar Tricks hält, werden Sie merken, wie schnell ein stressfreies

Miteinander zustande kommt. Ich habe Ihnen hier einige Tipps zusammengestellt, die Ihnen den Einstieg in die Erziehung Ihres Lieblings von Anfang an leichter machen werden.

Ganz wichtig, auch wenn es lieb gemeint ist: Geben Sie dem Hund, zumindest was grundlegende Regeln angeht, keine Eingewöhnungszeit. Denn hat ein Hund einmal eine Verknüpfung zu etwas gezogen, auch zu unerwünschten Dingen, ist es sehr schwer, diese wieder aus seinem Kopf zu bekommen. Das Abtrainieren ist hier meist schwerer, als von Anfang an konsequente Regeln durchzusetzen.

Was sich direkt aus diesem Punkt und dem vorherigen Kapitel erschließt: Ihr Hund braucht eine klare Kommunikation, Einigkeit und Konsequenz in seiner Erziehung. Denn eine Sache können Hunde mindestens genauso gut wie Kinder: Erziehungslücken aufspüren. Deswegen ist es wichtig, dass alle Personen, die regelmäßig mit dem Hund in Kontakt stehen, am gleichen Strang ziehen und die gleichen Regeln, Kommandos und Verhaltensmuster befolgen.

Aber nicht nur auf Einigkeit, auch auf das richtige Timing sollten Sie achten. Ein gutes Beispiel ist die Begrüßung. Viele Fehler in der Hundeerziehung beruhen auf falschem Timing. Springt der Hund zum Hallo-Sagen an Ihnen hoch und Sie tätscheln und streicheln ihn, heißt das in dem Moment für den Hund: „Oh wunderbar, ich habe alles richtig gemacht!" Wenn Sie den Hund danach für das Hochspringen bestrafen, wird er nicht verstehen, wofür die Bestrafung nun war und das Verhalten wiederholen. Denn Hunde leben im Hier und Jetzt und auch, wenn die Situation erst ein paar Sekunden oder Minuten her ist, wird der Hund keinen Zusammenhang zwischen Aktion und Strafe erkennen. Unterbinden Sie unerwünschtes Verhalten sofort, merkt Ihr Vierbeiner auch, dass er das nicht soll und lernt aus der Situation.

Noch ein sinnvoller Tipp: Achten Sie darauf, ob Ihr Hund gerade wirklich bei der Sache ist. Klar, auch ein Hund darf mal abschalten. Er sollte Sie allerdings trotzdem immer im Blick haben und auf Kommandos und Befehle reagieren. Alltägliche Situationen, wie zum Beispiel das Gassigehen, können Sie nutzen, um Ihren Hund auf Trab zu halten. Bauen Sie verschiedene Such-, Apportier- und Kopfspiele in Ihre täglichen Spaziergänge ein. Dies bringt nicht nur

Spaß für den Hund, es stärkt auch die Bindung zwischen Menschen und Hund und sorgt dafür, dass sich Ihr Hund an Ihnen orientiert und nicht mit dem Kopf woanders ist. Bei all diesen Dingen müssen Sie aber natürlich auch das Alter Ihres Hundes berücksichtigen. Denn klar: Ein älterer Hund hat ein anderes Lernverhalten als ein Welpe. Hunde kann man in drei Altersgruppen aufteilen, einmal die Welpen, dann die Hunde in ihrer Pubertätsphase und zu guter Letzt die erwachsenen Hunde.

Welpen kann man besonders etwas beizubringen. Dafür sollte man Lern- und Übungsphasen so gering wie möglich halten, da Welpen schnell die Konzentration verlieren.

Auch Hunde in der Pubertät verlieren durch ihre Charakteränderung, die sie durchmachen, schnell die Konzentration. Bei ihnen ist es wichtig, dass Sie konsequent und ruhig bleiben, auch wenn der Hund gerade seine Konzentration verliert.

Erwachsene Hunde haben in der Regel schon einiges an Erziehung genossen und haben ihre eigenen Strukturen, Regeln, Vorlieben und Grenzen, die Sie unbedingt achten und schätzen sollten. Dafür ist es enorm wichtig, dass Sie Ihren Hund gut kennen und auf seine bekannten Vorlieben etc. eingehen.

Hilfsmittel

Die besten Hilfsmittel in einer guten Hunde-erziehung sind, wie in der Erziehung von Kindern auch, Geduld, Einfühlungsvermö-gen und Konsequenz. So können Sie bei Ihrem Hund schon sehr viel erreichen. Handeln Sie ruhig, probie-ren Sie, Ihren Hund zu verstehen und bleiben Sie konsequent, erreichen Sie schon unglaublich viel bei Ihrem Vierbeiner. Er lernt, dass Sie immer eine Si-cherheit für ihn darstellen und gleichzeitig ein span-nender Spielpartner sind.

Aber es gibt natürlich auch andere Hilfsmittel, die das Training mit Ihrem Hund um einiges leichter machen können.

Ein sehr praktisches Hilfsmittel, um sämtliche Kommandos und Situationen zu trainieren, ist der Clicker. Dieser erzeugt ein klickendes Geräusch, sobald man ihn betätigt. Dieses ist neutral und überträgt keine Emotionen, sodass der Hund nicht durch eine falsche Tonlage verunsichert werden kann. Der Clicker kann in der Hundeerziehung als Ersatz für ein verbales Signal genutzt werden. Der Clicker bleibt nämlich immer ruhig, auch in Situationen, in denen der Mensch es nicht mehr ist. Der Hund verbindet mit dem ‚Click' eine positive Erfahrung, weswegen sich seine Aufmerksamkeit sofort mit dem Click auf Sie richtet. Damit ist einem in vielen brenzligen Situationen geholfen.

Als Nächstes kommen wir zu der altbekannten Schleppleine. Sie lässt dem Hund viel Freiraum für herumschnüffeln, spielen, buddeln, markieren usw., gleichzeitig sorgt sie bei noch nicht gut abrufbaren Hunden dafür, dass sie nicht verschwinden können. Diese Leine kann sehr gut für Rückruf- und Anti-Jagd-Training benutzt werden. Auch, wenn man seinen Hund mit Dingen, die ihm zum Beispiel unheimlich sind, konfrontieren möchte, ist die Schleppleine

ein gutes Helferlein, da der Hund an der Leine aus-
weichen, Bögen laufen und sich zurückziehen kann,
ohne dass er von einer zu kurzen Leine an diesem
Verhalten gehindert wird. Das ist ungemein hilfreich
für das Training, da sich der Hund so nach und nach
ohne Zwang der Situation nähern kann.

Auch praktisch zum Abrufen des Hundes ist eine
sogenannte Hundepfeife. Diese Pfeife erzeugt einen
so hohen Ton, dass er für den Menschen gar nicht
mehr wahrnehmbar ist. Dann, wenn die menschliche
Stimme gar nicht mehr zum Hund vordringt, etwa
beim Jagen oder wenn sich ein ungeliebter Hund auf-
taucht, bringt der hohe Ton den Hund mit etwas
Übung wieder dazu, seine Aufmerksamkeit wieder
auf Sie zu lenken. Auch hier ist der Vorteil, dass das
Geräusch wie beim Clicker gleichbleibend und frei
von Emotionen ist.

Das nächste Helferlein, welches die wenigsten
als solches benutzen, ist Spielzeug. Ja, Sie haben richtig gelesen. Spielzeug, zum Beispiel das absolute
Lieblingsspielzeug Ihres Hundes, welches er nur zu
besonderen Momenten bekommt, zum Beispiel als
Belohnung für richtiges Verhalten. Aber auch in
brenzligen Situationen kann das Spielzeug als

Notfallplan genutzt werden. Ist der Hund auf das Spielzeug fokussiert, lässt er sich leichter an dem brenzligen Faktor vorbeiführen.

Ja, auch Halsband und Geschirr zählen zu Hilfsmitteln in der Hundeerziehung. Ohne Sie würde sich das Anlegen einer Leine als schwierig bis unmöglich gestalten. Ein Geschirr hat außerdem den Vorteil, dass man seinen Hund daran halten kann, wenn man eine unangenehme Situation kommen sieht und vermeiden will.

Und zu guter Letzt nun DAS Hilfsmittel, dass wohl alle kennen: <u>Belohnungen.</u> Aber Belohnungen müssen nicht zwingend Leckerli sein: Eine Belohnung kann alles sein, was die Bedürfnisse Ihres Hundes gerade befriedigt. Sei es nun das Lieblingsspielzeug, ein Futterbeutel, der geworfen werden soll, oder die Erlaubnis zum Buddeln an einem Fuchsbau, all das sind Dinge, die situationsbedingt die das in dem Moment gewünschte Verhalten (Ablassen von Beute und zum Besitzer kommen, nicht direkt loslegen zu buddeln, das In-Ruhe-Lassen von Fahrradfahrern usw.) verstärken.

Dies alles sind kleine Helferlein, die sich in der Erziehung Ihres Hundes positiv auf das Lernverhalten und somit auf die Lernerfolge auswirken.

Ebenfalls gute Hilfsmittel, die von den meisten Menschen so oder so schon in der Erziehung automatisch genutzt werden, sind Handzeichen und verbale Laute. Gerade die Handzeichen werden benutzt, damit der Hund überhaupt weiß, was er machen soll. Fangen Sie zum Beispiel gerade an, das Kommando „Sitz" zu trainieren, wird Ihr Hund ohne Einsatz der Hände nicht wissen, was Sie wollen. Die Sprache als Hilfsmittel wird also meist nur als Unterstützung der Handzeichen genutzt.

Sie sehen also, Hilfsmittel können für den Hund alles sein, was sein Verhalten positiv unterstützt und somit in die richtige Richtung leitet. Aber: Sie sollten irgendwann probieren, mal abgesehen von Lauten und Handzeichen, so gut wie ohne Hilfsmittel zu arbeiten. Ansonsten denkt der Hund, dass Sie zwingend zu der Übung dazugehören und wird das Kommando ohne die Hilfe nicht ausführen.

Es gibt allerdings auch Lernmittel, die mit dem Prinzip *positive Bestrafung* arbeiten. Klingt komisch? Ist es auch. *Positiv* bedeutet hier allerdings nichts Gutes, sondern man fügt dem Hund etwas zu, wodurch man ein unerwünschtes Verhalten bekämpfen möchte. Diese Hilfsmittel können aber nie die Ursache ändern, sondern können nur die Symptome abstellen. Ein anderer Name für diese Dinge lautet *aversiv wirkende Hilfsmittel*, bedeutet: Diese Gegenstände lösen eine starke Ablenkung durch einen Schreckimpuls aus.

Hierzu zählen:

• Stachelhalsbänder, die von innen mit Stacheln besetzt sind, die sich beim an der Leine ziehen vom Hund in den Hals bohren und somit einen Schmerzreiz auslösen, der den Hund an diesem unerwünschten Verhalten hindern soll.

• Sprühhalsbänder, bei denen durch Druckluft ein harter Wasserstrahl oder scharfer Geruch auf Knopfdruck an die Nase oder die Schnauze geblasen wird. Hierdurch entsteht ein Schockmoment, der, wie beim Stachelhalsband, ein unerwünschtes Verhalten unterbinden soll.

• Stromhalsbänder, die den Hund für ein Verhalten durch Schmerz und Schock bestrafen und ihn von dem Verhalten abbringen sollen.

• Rütteldosen und andere Dinge, die Lärm machen, sollen durch einen Schreck den Hund bei dem unerwünschten Verhalten unterbrechen. Gerade für schreckhafte Hunde ist dies eine besonders schlimme Methode und das Vertrauen zum Menschen kann komplett zerstört werden.

• Fußleinen. Diese Leinen werden direkt am Bein des Halters befestigt und sollen das Bei-Fuß-Laufen trainieren. Diese Leine hat allerdings keinen Lerneffekt, da der Hund nicht weiß, was er machen soll, sondern nur merkt, dass er seinen Hunde-Trieben nicht mehr nachgehen kann. Dadurch versetzt man den Hund zwar in großen Stress und erzeugt Unwohlsein, aber der Hund lernt dadurch nichts.

• Erziehungsgeschirre sind Geschirre, die an empfindlichen Stellen, also Stellen, wo die Haut dünn ist und kaum Muskeln vorhanden sind, quetschen, sobald der Hund beginnt an der Leine zu ziehen. Auch hier werden wieder Schmerzen eingesetzt, um unerwünschtes Verhalten auszuschalten. Der Hund wird sich zwar zurücknehmen, um Schmerzen zu vermeiden, aber er lernt dadurch nicht, wie man locker und entspannt an der Leine läuft.

• Würgehalsbänder sorgen, wie der Name schon sagt, dafür, dass der Hund gewürgt wird, sobald er an der Leine zieht. Dieses sehr dünne Halsband fügt dem Hund sehr schnell sehr große Schmerzen zu.

Dies alles sind *Hilfsmittel*, die Sie aus der Hundeerziehung verbannen sollten, da Sie nicht an dem eigentlichen Verhalten arbeiten, sondern nur das Verhalten unterdrücken, weil der Hund keine Schmerzen haben will.

Greifen Sie lieber auf die vielen positiven Hilfsmittel zurück, welche gutes Verhalten bekräftigen. Dies wird Sie und Ihren Hund um einiges weiter bringen und gleichzeitig auch die Bindung zwischen Ihnen stärken.

Häufige Fehler

N a klar, es ist noch kein Meister vom Himmel gefallen. Auch erfahrene Hundehalter
machen noch oft Fehler, die man leicht vermeiden könnte. Viele Hundehalter denken zu wenig
über Ihr Verhalten nach und suchen die Fehler nur
beim Hund. Dabei ist meist menschliches Fehlverhalten der Grund, wieso Hunde sich erst ein bestimmtes Verhaltensmuster aneignen. Die häufigsten Fehler in der Hundeerziehung und eine Korrek-
tur zum Fehler habe ich Ihnen hier aufgezählt:

Inkonsequenz

Problem: Wir Menschen neigen zu Inkonsequenz. Wir befehlen dem Hund zum Beispiel Sitz zu machen, der Hund macht Platz und wir belohnen ihn dafür, weil er wenigstens irgendetwas in die Richtung des gewollten Befehls gemacht hat. Was gut gemeint ist, ist für den Hund eigentlich wirklich unfair: An einem Tag wird er für das Verhalten belohnt, am nächsten Tag dafür bestraft. Dies verwirrt und verunsichert den Hund.

Lösung: Probieren Sie, gradlinig zu erziehen. Entweder darf Ihr Hund etwas immer oder nie. Seien Sie beharrlich: Führt Ihr Hund ein Kommando falsch aus, befehlen Sie es noch einmal und belohnen Sie ihn erst, wenn er den Befehl richtig umsetzt.

Unklarheit bei Kommandos

Problem: Hunde lernen nie die Bedeutung von Wörtern, sondern nur von Lauten. Dies vergessen wir oft und gern, da wir unseren Hund behandeln wie ein Familienmitglied. Dies ist auch gut so, aber wir dürfen von unseren Hunden nicht verlangen, dass Sie uns verstehen, wie es zum Beispiel Kinder tun. Sie können sich aus Sätzen wie: „Ich habe dir jetzt schon zehnmal gesagt, dass du Platz machen sollst!" nicht den gewünschten Laut, nämlich das „Platz" heraussuchen.

Lösung: Wenn Sie einen Befehl aussprechen, nutzen Sie auch wirklich nur den Laut, mit dem Sie mit Ihrem Hund trainiert haben. Sprich: Haben Sie das Kommando „Sitz" auch mit dem Laut „Sitz" geübt haben, nutzen Sie auch wirklich nur diesen. Ihrem Hund bringt es nichts, wenn Sie probieren, in ganzen Sätzen mit ihm zu kommunizieren.

Vermenschlichung des Hundes
Problem: Ja, Hunde kann man teilweise gut mit Kindern vergleichen. Dies heißt aber nicht, dass der Hund auch wie ein Mensch behandelt werden sollte. Wir können unserem Hund zwar die Seele ausschütten und der Hund ist dabei ein guter Zuhörer, aber wir können und dürfen den Hund nicht wie einen Mitmenschen behandeln. Der Hund wird ganze Sätze niemals verstehen, er möchte nicht in Kleidchen gesteckt werden oder sollte am Esstisch mitessen. Je mehr wir den Hund vermenschlichen, desto höher wird die Frustration, wenn der Hund nicht hört oder „unmenschliches Verhalten" an den Tag legt.

Lösung: Führen Sie sich immer wieder vor Augen, dass Ihr Hund KEIN Mensch ist und sich dementsprechend auch niemals wie einer verhalten wird. Denken Sie immer daran, dass es Ihrem Hund nicht besser, sondern eher schlechter geht, wenn er so vermenschlicht wird. Fragen Sie sich immer wieder: „Ist das, was ich gerade tue, wirklich Hund-gerecht?" und korrigieren Sie, wenn nötig, Ihr Verhalten.

Keine Generalisierung

<u>Problem:</u> Wir denken: Kann der Hund einmal Sitz, wird er dieses Kommando immer und überall ausführen, denn er hat es ja nun an einem Ort gelernt und weiß, was es heißt.

So einfach ist das aber nicht. Der Hund lernt nicht direkt auf Anhieb, Befehle zu generalisieren. Haben Sie bisher nur zuhause mit Ihrem Hund Sitz trainiert, heißt das noch lange nicht, dass er dies nun woanders auch kann. Denn der Hund verbindet Sitz jetzt nicht nur mit Ihrer Geste und Ihrem Laut, sondern auch mit der Umgebung ‚zuhause'. Hunde müssen also erst lernen, dass das Kommando nichts mit der Umgebung, sondern einzig und allein etwas mit dem Laut und dem Signal zu tun hat.

<u>Lösung:</u> Trainieren Sie Kommandos überall, in kleinen Schritten. Seien Sie geduldig und

nachsichtig, wenn das Kommando an einem Ort super, an einem anderen aber überhaupt nicht funktioniert. So wird Ihr Hund nach und nach lernen, Kommandos überall auszuführen und sich nur auf Sicht- und Hörzeichen von Ihnen zu konzentrieren

Falsche Körpersprache des Menschen

<u>Problem:</u> Der Mensch achtet kaum noch auf seine Körpersprache, sie wird so gut wie nur noch unterbewusst verwendet. Genau das kann in der Hundeerziehung zum Problem werden. Denn oft verwirren wir unseren Hund mit unserer Körpersprache, da sie überhaupt nicht zu dem passt, was wir gerade befohlen haben. Wir möchten zum Beispiel, dass unser Hund zu uns kommt, drücken aber durch starre Körperhaltung aus, dass der Hund besser auf Abstand bleiben sollte. Der Hund kann nicht deuten, was wir von ihm wollen, wenn unsere Körpersprache unklar ist und entwickelt gegenüber uns eine Unsicherheit.

<u>Lösung:</u> Werden Sie sich Ihrer eigenen Körpersprache bewusst. Stimmt Ihre Körpersprache mit dem überein, was Sie gerade gesagt haben oder ausdrücken wollen? Merken Sie, dass Körpersprache und Sprache nicht übereinstimmen, ist dies der erste Schritt zur Besserung.

Die Körpersprache des Hundes wird falsch interpretiert

Problem: Auch hier vergleichen wir den Hund wieder zu sehr mit uns Menschen. Viele Signale, die der Hund sendet, verstehen wir einfach falsch. Besonders Beschwichtigungssignale werden oft missinterpretiert. Dreht der Hund beispielsweise seinen Kopf oder Körper weg, wird das von uns oft als unverschämt und unhöflich empfunden. Dabei ist das vom Hund keinesfalls Ungehorsam, sondern bedeutet, dass der Hund Sie nicht versteht.

Lösung: Setzen Sie sich mit der Körpersprache Ihres Hundes auseinander und lernen Sie, diese zu interpretieren. So lernen Sie nach und nach, Ihren Hund zu verstehen.

Es wird zu viel geschimpft

Problem: Wir Menschen sind sehr gut darin, den Hund auszuschimpfen, sobald er falsches Verhalten äußert. Aber was wir dann nicht machen, ist, den Hund für richtiges Verhalten zu belohnen. Zieht und zerrt Ihr Hund an der Leine, fangen wir sofort an zu schimpfen und den Hund zu bestrafen. Wenn der Hund dann aber brav neben uns herläuft, ignorieren wir dies. Dabei ist ignorieren eine Bestrafung für den

Hund. So kann es vorkommen, dass der Hund öfter unerwünschtes Verhalten zeigt, einfach, weil er dadurch Aufmerksamkeit bekommt. Ob diese Aufmerksamkeit gut oder schlecht ist, ist ihm erstmal egal.

Lösung: Weniger schimpfen, mehr belohnen! Bedeutet nicht, dass Sie Ihren Hund bei schlechtem Verhalten nicht zurechtweisen sollen. Aber wenn er dann richtiges Verhalten zeigt, bestätigen Sie dieses! So wird er sich das gute Verhalten aneignen.

Überforderung im Training
Problem: Wir erwarten zu schnell zu viel von unserem Hund. Dies stresst den Hund ungemein, da der Vierbeiner direkt merkt, dass der Besitzer nicht zufrieden ist.

Lösung: Arbeiten Sie in kleinen Schritten mit Ihrem Hund. Kleine Schritte bringen schneller Erfolg, als wenn man zu schnell zu viel möchte und so immer wieder Rückschläge erlebt.

Steigern Sie Ablenkung und Übungsdauer langsam und mit viel Geduld, kommen Ihr Hund und Sie entspannt an das gesteckte Trainingsziel.

Wir sind zu unruhig

Problem: Der Hund merkt es, wenn wir frustriert, unruhig oder nervös sind. Und diese Stimmung überträgt sich 1:1 auf den Hund. Haben wir Angst und sind dadurch nervös, wird der Hund auch unruhig. Sind wir gestresst, zeigt der Hund ebenfalls Stressverhalten.

Frustriert uns etwas, wird der Hund auch frustriert. Sie merken also: Ihr Verhalten und Ihre Emotionen leiten auch die Emotionen Ihres Hundes.

Lösung: Klar, jeder Mensch hat mal einen schlechten Tag. Probieren Sie aber trotzdem, sich nicht herunterziehen zu lassen und machen Sie lieber einen schönen Spaziergang mit Ihrem Hund, um die schlechten Gedanken loszuwerden.

Hilfen werden nicht richtig abgebaut

Problem: Hilfsmittel beim Training sind gut und wichtig. Aber, was dann viele vergessen, ist das wieder Abbauen der Hilfen. Haben Sie beispielsweise eine Übung nur mit Leckerchen geübt, kann es gut sein, dass der Hund die Übung dann ohne Leckerli nicht ausführt. Aber nicht, weil er sich denkt: „Ohne Futter keine Übung", sondern weil er gelernt hat, dass das Leckerchen zur Übung dazugehört.

Lösung: Schleichen Sie Leckerli Stück für Stück aus. Heißt: Funktioniert das Kommando gut, lassen Sie das Leckerli mal ab und zu weg und lassen Sie es für den Hund nur so aussehen, als ob Sie noch eines in der Hand hätten. So machen Sie dies weiter, bis irgendwann kein Leckerli mehr benötigt wird. So sollte es auch mit anderen Hilfen gehandhabt werden.

Kontakt zu Artgenossen unterbinden
Problem: Viele Hundehalter haben Angst vor Hundebegegnungen, zu groß ist die Furcht, Ihrem geliebten Vierbeiner könnte etwas passieren. Dabei ist es für Ihren Hund wichtig, dass er Kontakt zu anderen Hunden haben darf. Dies ist wichtig für sein Sozialverhalten.

Lösung: Vertrauen Sie Ihrem Hund! Er kann mit anderen Hunden interagieren. Das einzige, was ihn an normalem Verhalten mit anderen Hunden hindert, ist meist der Besitzer. Können Sie Ihrem Hund dies nicht ermöglichen, erkundigen Sie sich bei Hundeschulen in Ihrer Nähe nach kontrollierten Freilauf- und/oder Welpen-Spielgruppen. Hier können die Hunde Kontakt zu Hunden pflegen und diese Triebe voll und ganz ausleben.

Falsches Timing für Lob

Problem: Wir belohnen den Hund zur falschen Zeit. Dies geschieht meist unterbewusst, etwa wenn Sie den Hund streicheln, wenn er Sie anspringt. Dies nimmt der Hund als Belohnung für das Hochspringen, obwohl dieses Verhalten nicht gewünscht ist.

Lösung: Belohnen Sie Ihren Hund UNMITTEL-BAR nach richtigem Verhalten. So kann es nicht passieren, dass der Hund die Belohnung mit falschem Verhalten verknüpft.

Absolute Tabus

Absolute Tabus sind Dinge, die nicht in die Hundeerziehung gehören und dem Hund nichts als Schaden zufügen.

Das erste Tabu ist, und das sollte allen Hundebesitzern klar sein, Gewalt gegen den Hund auszuüben. Der Hund weiß nicht immer, was wir von ihm wollen, und versteht infolgedessen auch nicht, wieso ihm jetzt Schmerzen zugefügt werden.

Hunde lernen durch positive Erfahrungen, aber nie durch Schläge oder andere grobe Gewalt. Das einzige, was Gewalt in der Erziehung bewirkt, ist ein Zerbrechen der Freundschaft zwischen Hund und

Mensch. Im schlimmsten Fall übernimmt der Hund die Gewalt von seinem Herrchen und fängt an, auf den Menschen loszugehen.

Unter die Kategorie „Gewalt zufügen" zählen auch die oben schon erwähnten, aversiv wirkenden Erziehungsmittel.

Auch diese tun nichts anderes, als dem Hund Gewalt, Angst und Schmerzen zuzufügen.

Oft sieht man draußen Hundehalter, die in unangenehmen Situationen wie wild an der Leine und am Hund zerren, hysterisch mit den Armen wedeln und den Hund im schlimmsten Falle noch anschreien. Das ist ein Verhalten, das unbedingt unterlassen werden sollte. Es macht Situationen, die der Hund eventuell souverän gemeistert hätte, zum Beispiel eine Begegnung mit einem anderen Hund, für Mensch und Hund deutlich schwerer, als sie sein müssten. Außerdem stecken Sie Ihren Hund mit dieser Art an, was dann dazu führt, dass der Hund aggressiv wird und eine Situation erst zum Eskalieren bringt. Der Hund lässt sich immer von menschlichem Verhalten leiten. Dies sollten Sie unbedingt vor Augen haben, wenn Sie mit Ihrem Hund interagieren.

Ebenfalls darf der Hund nicht zu lange allein in

der Wohnung oder im Haus gelassen werden. Nicht nur, weil der Hund sich auch mal erleichtern muss, sondern weil es für den Hund nicht schön ist, allein zu bleiben und setzt man ihn dann zu lange dieser Situation aus, kann das langjährige Alleine-bleiben-Üben schnell zunichtegemacht werden.

Eines der größten Probleme, welches ein Hundebesitzer mit seinem Hund haben kann, ist Unsauberkeit, sprich der Hund uriniert und kotet in die Wohnung. Dies ist sehr belastend für den Besitzer und treibt die Frustration nach oben, gerade wenn sich dies über ein paar Tage zieht. Ganz falsch ist es hier aber, den Hund zur Bestrafung mit der Nase in seinen eigenen Urin oder Kot zu stupsen. Dies ist für den Hund höchst abstoßend und in vielen Arten schrecklich.

Probieren Sie hier, die Ursache für die Unsauberkeit zu finden und diese zu beseitigen.

Auch den Hund einfach machen lassen, nach dem Motto „Was soll schon passieren?" ist ein totales No-Go und unverantwortlich vom Hundehalter. Einige Hundehalter denken, sie tun ihrem Hund etwas Gutes, wenn sie ihn nicht erziehen, im Sinne von: „Ich zwinge den Hund zu nichts, was er nicht möchte." Dem ist aber überhaupt nicht so. Nicht nur, dass Hunde die Trainingseinheiten mit Ihrem Halter genießen, für ihre Mitmenschen ist es sogar gefährlich, wenn der Hund nicht erzogen ist. Er könnte andere Menschen anspringen, belästigen oder im schlimmsten Fall sogar verletzen, wenn er sich nicht abrufen lässt.

Unter Tabus reiht sich auch die ebenfalls schon oben genannte Vermenschlichung des Hundes ein. Behandeln Sie Ihren Hund wie einen Mitmenschen, führt dies nur zu Missverständnissen und Fehlverhalten. Reden Sie ununterbrochen auf Ihren Hund ein, verunsichert ihn das, weil er nicht weiß, was Sie von ihm wollen. Außerdem führt diese Vermenschlichung dazu, dass der Mensch hundliches Verhalten immer weniger akzeptiert und versteht. Dabei ist dieses Verhalten vollkommen normal! Buddeln, markieren, an den Hinterlassenschaften anderer Hunde schnüffeln usw. wird durch den Menschen dann oft unterbunden, ohne dass der Hund versteht, wieso. Sie dürfen niemals vergessen, dass der Hund ein Tier ist, welches sich niemals wie ein Mensch verhalten wird. Auch wenn Sie es vielleicht nur gut meinen: Für den Hund ist dies kein schönes Leben.

Wenn gar nichts mehr hilft

Merken Sie, dass Sie mit der Erziehung Ihres Hundes überfordert sind, holen Sie sich frühzeitig Hilfe. Es ist absolut nicht verwerflich, sich hier an Menschen zu wenden, die über viel Erfahrung mit Hunden verfügen. Keiner wird Sie auslachen oder beschimpfen. Es ist eher löblich, dass Sie hier im Sinne des Hundes handeln und so viele spätere Unannehmlichkeiten abwenden. Denn es ist viel schwieriger, dem Hund antrainierte Fehler wieder abzugewöhnen, als sich direkt Hilfe zu holen. Die Erziehung eines Hundes ist schwierig und absolut kein Zuckerschlecken. Vielen Menschen ist dies oft vor der Anschaffung gar nicht bewusst. Es gibt so vieles zu beachten, für Neulinge kommt so oft eine Flut von Informationen, die so erstmal umgesetzt werden müssen. Unter die Arme greifen hier Hundeschulen und private Hundetrainer. Die sind Menschen, die sich sehr viel mit dem Hund und hundlichem Verhalten beschäftigen und so stressfrei und artgerecht mit Ihnen und Ihrem Hund trainieren. Jede Hundeschule bietet verschiedene Grundkurse an, bei denen Sie, entweder mit anderen Hundehaltern zusammen oder allein, mit Ihrem Hund Alltagssituationen, Grundkommandos usw. durchgehen und intensiv trainieren.

Klar, am Ende kostet Sie der Besuch einer Hundeschule oder das Buchen eines Hundetrainers etwas Geld. Aber diesen Betrag sollten Sie für eine entspannte Zukunft mit Ihrem Hund zu zahlen bereit sein.

Fazit

Hundeerziehung ist kein Hexenwerk; wenn man sich vorher ausreichend mit dem Hund, seinem Verhalten, möglichen Hilfsmitteln usw. beschäftigt. Geht man nicht komplett blauäugig an die Sache heran, vertraut man auf sich und vertraut man seinem Hund, merkt, wenn man nicht mehr weiterweiß und holt sich dementsprechend Hilfe, wird die Hundeerziehung garantiert ein Erfolg.

Herstellung und Verlag:
BoD – Books on Demand, Norderstedt
ISBN: 9783752683318

© Martin Knabe 2020
1. Auflage
Kontakt: Psiana eCom UG/ Berumer Str. 44/ 26844 Jemgum
Covergestaltung: Fenna Larsson
Coverfoto: depositphotos.com